NOTE

SUR LA

THÉORIE GÉNÉRALE

DES CONVENTIONS

PAR

A. CROUZEL

DOCTEUR EN DROIT
BIBLIOTHÉCAIRE DE LA BIBLIOTHÈQUE UNIVERSITAIRE DE TOULOUSE.

(ARTICLE EXTRAIT DE *LA FRANCE JUDICIAIRE*.)

PARIS

A. DURAND et PEDONE-LAURIEL, Éditeurs,
LIBRAIRES DE LA COUR D'APPEL ET DE L'ORDRE DES AVOCATS
G. PEDONE-LAURIEL, Successeur
13, rue Soufflot, 13.

—

1883

NOTE

THÉORIE GÉNÉRALE DES CONVENTIONS

On s'imagine parfois que tout a été dit sur la théorie des conventions ; à en croire bien des auteurs, cette théorie serait depuis longtemps établie sur des bases immuables, elle ne pourrait plus subir de modifications que dans les détails ; il en serait d'elle comme de la théorie du syllogisme qui est demeurée la même depuis Aristote. Bien des idées aujourd'hui presque universellement reçues sont pourtant discutables ; il y a surtout encore beaucoup à élaguer, beaucoup à simplifier dans cette matière déjà tant étudiée : je voudrais apporter, par cette courte étude, à ceux qui ont tenté d'opérer cette simplification et y ont parfois réussi, mon modeste concours.

I. — Si, fermant un instant le Code et les commentaires, et tâchant d'oublier les idées reçues à l'école, nous nous demandons quels sont, d'après la nature même des choses, les éléments essentiels à la formation des conventions, la raison ne tarde pas à nous en révéler trois, sans lesquels on ne saurait concevoir une convention quelconque ; il faut nécessairement : 1° deux parties au moins ; 2° *leur consentement pour produire un ou plusieurs effets de droit*, consistant invariablement dans la naissance ou dans l'extinction d'une ou plusieurs obligations ; 3° enfin *la production réelle de ces effets*, c'est-à-dire, la naissance ou l'extinction effectives de ces obligations.

Le premier de ces éléments ne demandant aucune explication, disons tout d'abord quelques mots du second. Pour qu'il y ait consentement, il faut que le concours des volontés porte sur les effets juridiques à produire, c'est-à-dire, en premier lieu, sur le contrat lui-même, — il ne faut pas que lorsque l'une des parties veut faire une vente, l'autre entende conclure un louage, — et, en second lieu, sur les objets des obligations à produire, s'il s'agit de contrat productif d'obligations, sur les obligations à éteindre, si la convention est destinée à éteindre une ou plusieurs obligations. Le consentement doit-il également porter sur la partie avec laquelle on contracte ? La rigueur des principes l'exigerait peut-être ; mais, comme, en fait, la personne avec laquelle on traite n'est généralement pour rien dans la détermination de la volonté, il est certainement plus conforme aux besoins de la pratique, et préférable sous tous les rapports, de décider que la convention se forme en tout cas, et d'accorder seulement une action en nullité à la partie qui s'est trompée, si, en réalité, elle a contracté en considération de la personne de l'autre partie. (Comp. art. 1110, al. 2).

Passons maintenant au troisième élément, la *production* des effets que les parties ont eus en vue. Si elles ne se sont proposé qu'un seul effet, on conçoit clairement que, cet effet ne se produisant pas, il ne peut y avoir de convention : une convention ne peut juridiquement exister indépendamment des effets qu'elle est destinée à produire. Mais dans le cas où les parties ont eu en vue plusieurs effets, il y a lieu de se demander si *tous* ces effets doivent également prendre naissance. Or, plusieurs hypothèses peuvent se présenter :

1° Supposons d'abord une convention destinée à produire plusieurs effets, mais tous d'un seul et même côté, chez l'une des parties seulement[1] : pour que cette convention *unilatérale* se forme, est-il nécessaire que tous les effets, que les parties avaient en vue, se produisent, en sorte que l'un d'eux étant impossible, les autres ne puissent pas exister non plus ? Nous n'hésitons pas à répondre : Non, cela n'est pas nécessaire ; la convention se formera bien que l'un de ses effets fasse défaut. Ainsi, par un seul et même acte, je vous fais remise de votre dette, et je vous donne ma maison : en réalité, vous n'étiez tenu envers moi d'aucune obligation, en sorte qu'il n'y a pas d'extinction de dette possible ; la donation ne se formera pas moins quant à la maison, et je serai dûment tenu de vous la livrer. Ainsi encore je vous promets de vous prêter mon cheval et mes bœufs ; mais mon cheval est déjà mort au moment de l'acte : cela ne saurait empêcher de se former mon obligation de vous prêter mes bœufs.

2° La convention peut être également destinée à produire deux effets, mais deux effets réciproques, corrélatifs : cette convention *bilatérale* pren-

---

1. Nous ne considérons pas comme produisant des effets multiples une convention donnant naissance à plusieurs obligations entre lesquelles existerait le lien qui unit l'accessoire au principal. Ainsi, dans la vente, le vendeur est tenu de délivrer la chose vendue et d'en garantir la paisible possession. On ne doit pas moins considérer la vente comme ne produisant, dans la personne du vendeur, qu'un seul effet. De même on ne peut regarder comme une convention produisant plusieurs effets chez l'une des parties, celle par laquelle cette dernière s'engage à livrer plusieurs choses entre lesquelles existent des relations qui les rendent inséparables dans l'intention des contractants. Ainsi je vous vends en même temps mon cheval et un bâtiment dans lequel se trouve un pressoir mû par ce cheval : je n'assume pas deux obligations, l'une relative au cheval, l'autre relative au bâtiment, mais bien une seule, comprenant à la fois le cheval et le bâtiment. Il y aurait, au contraire, deux obligations distinctes, et, par suite deux effets produits du même côté, si les deux choses étaient parfaitement séparées et indépendantes dans l'intention des contractants. Il y aurait encore deux effets du même côté, si l'une des parties, par un seul acte, faisait remise d'une dette à l'autre, et, en outre, lui faisait don d'une maison. La question de savoir si un contrat donne naissance, pour une partie, à plusieurs obligations ou à une seule comprenant plusieurs choses, est importante notamment au point de vue de la prohibition faite par la loi au débiteur d'exécuter des payements partiels. S'il y a plusieurs obligations nées d'un contrat pour une des parties, celle-ci pourra faire séparément les diverses prestations qui en sont les objets ; si, au contraire, il y a une seule obligation, les diverses choses ne pourront être valablement payées qu'en même temps.

dra-t-elle naissance, si l'un d'eux est impossible? Il est évident qu'à l'inverse de ce que nous avons décidé dans l'hypothèse précédente, il faut ici répondre : non, la convention ne se formera pas; l'un des effets venant à manquer, l'autre n'a pas sa raison d'être. Les parties ont voulu faire un contrat intéressé, présentant des avantages à peu près équivalents pour chacune d'elles : donner vie à l'un des effets, quand l'autre ne peut pas exister, ne serait-ce pas dénaturer la convention qu'on a voulu former, et, d'un contrat intéressé, à titre onéreux, faire une libéralité, un contrat à titre gratuit? Soit donc une convention d'après laquelle vous devez me transférer la propriété de votre maison, et je dois vous payer la somme de 10,000 fr.; votre maison ayant brûlé au moment de l'acte, et votre obligation ne pouvant exister faute d'objet, je n'aurai pas à vous livrer les 10,000 francs que je vous avais promis à titre de prix. Il n'y aura pas de *vente*. — De même votre obligation devait-elle être de tuer mon ennemi, et la mienne de vous payer la somme de 10,000 francs : votre obligation ne pouvant prendre naissance puisqu'elle a un objet illicite, et qu'une telle obligation ne peut être sanctionnée par la loi, le contrat tout entier sera inexistant, et je ne serai pas plus obligé de vous payer les 10,000 francs, que vous de tuer mon ennemi. — Je crois, enfin, vous devoir un cheval en vertu du testament de mon père, et, dans cette croyance, je conviens avec vous que je vous donnerai, au lieu du cheval, la somme de 1,000 francs; mais le testament avait été révoqué, et je n'étais pas tenu de livrer le cheval. L'un des effets de la convention, l'extinction de mon obligation de vous livrer un cheval, ne pouvant se produire, puisque cette obligation n'existe pas, l'autre effet ne se produira pas non plus, je ne serai pas obligé de vous payer les 1,000 francs; la *novation* que nous avions voulu faire ne prendra pas naissance.

3° Un troisième hypothèse est celle où le contrat, tout en étant *bilatéral*, doit produire à la fois deux effets au moins chez l'une des parties ou deux effets au moins chez chacune des parties. Exemple : je vous achète pour un prix unique de 10,000 francs votre maison et votre cheval : voilà une convention destinée à produire un seul effet chez moi, acheteur, et deux effets chez vous, vendeur, savoir : l'obligation de me livrer la maison et celle de me livrer le cheval[1]. Dans ce cas, si vos deux obligations ne peuvent simultanément se produire, parce que l'objet de l'une d'elles est devenu impossible au moment de l'acte, le cheval ayant péri, par exemple, celle qui peut se former se formera-t-elle, ou le contrat sera-t-il tout entier inexistant? On remarquera que nous parlons d'inexistence et non pas d'annulabilité. Que le contrat puisse être annulé sur ma demande, cela n'est pas douteux[2].

---

1. Cpr. la note précédente.

2. L'acheteur aura-t-il le choix de faire annuler le contrat, ou de demander l'exécution de l'obligation qui a pu naître, en faisant réduire dans la proportion raisonnable le prix de vente? Nous ne pensons pas qu'il ait ce choix. Si le vendeur avait à livrer deux choses inséparables, comme le principal et l'accessoire, et si l'accessoire avait péri, l'option entre les deux partis appartiendrait certainement à l'acheteur (art. 1601). Mais cette solution est spéciale au cas où il s'agit d'une seule obligation ayant pour

L'équité impose cette solution puisque, dans ma pensée, mon obligation de payer 10,000 francs n'avait pas pour équivalent votre obligation de me livrer votre maison seulement, mais bien, à la fois, cette obligation et celle de me livrer votre cheval. Mais rien ne nous paraît s'opposer à ce que le contrat se forme réellement, sauf à tomber plus tard par suite de l'action en nullité. Admettre, en effet, qu'il prend naissance, ce n'est pas substituer au contrat, que les parties se sont proposé de conclure, un contrat tout différent; ce n'est pas remplacer un contrat synallagmatique par un contrat unilatéral, un contrat intéressé par un contrat de bienfaisance, une vente par une donation. A l'obligation de l'un des contractants correspond encore chez l'autre une obligation réciproque. L'avantage que celui-ci doit retirer de la convention ne laisse pas d'être plus ou moins exactement compensé par l'avantage qui doit en résulter pour celui-là. Il y aurait d'ailleurs mauvaise foi manifeste, de la part du vendeur, à refuser, dans ce cas, d'exécuter la vente de la maison pour 10,000 francs, en se fondant sur ce qu'il avait voulu vendre à la fois, pour ce prix, son cheval et sa maison[1].

II. — Tels sont, selon nous, les éléments essentiels à la formation de toute convention. N'y en a-t-il pas quelque autre? Le consentement est toujours déterminé par quelque mobile : ce mobile ne doit-il pas être pris en considération? S'il se trouve imaginaire, illicite ou immoral, cette circonstance n'empêche-t-elle pas la convention de se former? Nous répondrons hardiment : Non, le mobile quel qu'il soit n'empêchera jamais le contrat de prendre naissance. Il pourra arriver que, ce mobile étant imaginaire ou immoral, le contrat soit inexistant, mais on peut affirmer que cette conséquence ne sera jamais l'effet du mobile qui a déterminé le consentement[2].

objet la délivrance de plusieurs choses unies ensemble dans l'intention des contractants; et elle ne peut être étendue à celui où il y a plusieurs obligations distinctes, comme dans l'espèce prévue au texte. Voy. la note de la page. 2.

1. On exprime ordinairement la troisième condition d'existence, dont nous venons de parler, en disant que, pour que le contrat se forme, il faut un *objet*. Cette formule nous paraît peu claire et peu satisfaisante, car le terme objet n'exprime pas une idée parfaitement définie. On conçoit très bien ce qu'est l'objet d'une obligation, on peut le définir simplement : *une prestation à fournir* et le décrire en disant qu'il se désigne par un infinitif suivi d'un substantif; exemple : livrer une maison; mais l'obscurité commence aussitôt qu'on parle *d'objet du contrat*, et l'on voit les auteurs discuter sur le point de savoir si l'objet du contrat se confond ou non avec celui de l'obligation. Notre terminologie est à la fois plus claire et plus exacte; car, de deux choses l'une : ou bien par *objet du contrat* on entend le résultat que les parties se sont proposé, comme la naissance d'une obligation, et alors il est certainement préférable d'employer, comme nous le faisons, l'expression *effet du contrat* que l'expression *objet du contrat;* ou bien on veut dire que, pour qu'il y ait contrat, il faut que l'obligation à naître de ce contrat ait un objet, et alors l'expression est mal choisie à deux points de vue; car, d'abord, s'il y a deux obligations à naître du contrat, il faudra dire que le contrat doit avoir deux objets et non pas un objet seulement; et puis, en quoi donc consistera l'objet d'un contrat qui aura seulement pour but d'éteindre une obligation; en quoi consistera l'objet si la convention est destinée, comme la novation, à éteindre une obligation et à en faire naître une autre?

2. Une grande partie des idées qui vont être exposées relativement à *la cause* nous

Pour le démontrer, passons en revue diverses catégories de contrats.

Soit d'abord une *convention synallagmatique :* je vous vends ma maison pour 10,000 francs; l'un des mobiles qui vous faisaient contracter, et le principal, c'est le désir d'acquérir ma maison ; mais ce mobile, je le suppose, se trouve imaginaire parce que ma maison a déjà brûlé au moment de l'acte; est-ce parce que le mobile qui vous faisait agir est imaginaire que la vente sera inexistante? Evidemment non, ce sera parce que notre troisième élément essentiel fera défaut. L'un des effets réciproques que la convention devait produire étant impossible, il ne peut y avoir de convention.—Autre exemple : vous vous obligez à tuer mon ennemi, et moi, à vous payer, en retour, 10,000 francs; le mobile illicite qui me fait contracter, c'est le désir de faire donner la mort à mon ennemi; est-ce parce que ce mobile est illicite, que le contrat ne pourra pas se former? Evidemment non, ce sera encore parce que notre troisième élément essentiel fera défaut. Une personne ne pouvant être conventionnellement obligée de tuer mon ennemi, l'un des effets de la convention est impossible : donc la convention elle-même est inexistante.— Enfin je vous vends pour 10,000 francs ma maison, dont vous vous proposez de faire une maison de jeu : le mobile éloigné, le *motif* qui vous fait contracter, c'est le désir d'établir une maison de jeu ; ce mobile étant illicite, le contrat sera-t-il inexistant? Non, il n'y aura ici ni inexistence ni même annulabilité de la convention. Si le motif illicite pouvait être une cause d'in-

ont été suggérées par la remarquable *Etude critique* de M. JOSEPH TIMBAL sur *La cause dans les contrats et obligations* (Toulouse, Douladoure-Privat, 1882, in-8°, XXX-423 p.). On nous saura gré de faire connaître en peu de mots l'état de la question à laquelle elle est consacrée, et l'opinion qui y est défendue.

La loi, on le sait, présente *la cause* comme un élément essentiel des conventions (art. 1108, § 4, 1131 et 1132), et la doctrine qui a cours en France lui reconnaît sans difficulté ce caractère; on la définit le but immédiat que se propose celui qui contracte. Quelque bien assise que paraisse cette théorie, elle a pourtant rencontré des contradicteurs ; M. Joseph Timbal est le plus récent d'entre eux, et celui dont l'ouvrage est appelé, croyons-nous, à avoir le plus de retentissement. Il a soin de nous faire connaître lui-même ses devanciers; car bien que convaincu déjà de la fausseté de la théorie de la cause par la lecture des auteurs mêmes qui l'exposent, il a, nous dit-il, éprouvé le besoin avant de la combattre, de se chercher des ancêtres, et il a eu la bonne fortune d'en trouver.

En 1826, Antoine Ernst, professeur à l'Université de Liège, publiait dans la *Bibliothèque du jurisconsulte et du publiciste* (1826, t. 1, pp. 250-264) un article ayant pour titre : *La cause est-elle une condition essentielle pour la validité des conventions?* Il résolvait cette question dans le sens négatif, et concluait formellement que les articles du Code concernant *la cause* devraient être retranchés. Cet article, complètement inconnu en France, jusqu'à la publication de l'Etude de M. Timbal, dans laquelle il est reproduit sous forme d'*appendice*, resta à peu près inaperçu même en Belgique. C'est tout au plus si un éditeur belge du *Cours de code civil* de Delvincourt le mentionne dans une note, et encore est-ce pour conseiller aux professeurs de prémunir leurs élèves contre ce *paradoxe.*

Ce n'est qu'en Hollande que la doctrine d'Ernst a pu faire quelques adeptes. Hinlopen l'adopta en 1830 dans un mémoire publié à Utrecht sous ce titre : *Convenientia et discrepantia conventionum jure romano et hodierno.* En 1835, Van de Poll consacrait sa thèse de doctorat : *Disputatio juridica inauguralis, ad locum Codicis civilis* existence, il en serait nécessairement de même du faux motif, or cela n'est pas admissible. « Le motif est quelque chose de personnel, d'intime, d'impénétrable. Généralement on ne le fait pas connaître; quelquefois on cherche à le dissimuler ;... la partie adverse ne peut connaître (les motifs), les scruter, les deviner; lui fussent-ils d'ailleurs connus, on ne peut raisonnablement l'obliger à vérifier leur exactitude, et à veiller à ce que son partenaire ne se trompe pas. » Si le mobile éloigné pouvait « être un chef d'inexistence ou même d'annulabilité », un contractant ne pourrait jamais « se fier à la solidité de son contrat ». C'est l'incertitude et l'insécurité qui régneraient dans le domaine des conventions, où la stabilité « est un principe d'ordre social ».

Il est donc vrai que le mobile qui détermine le consentement n'est d'aucune influence sur la formation des *conventions synallagmatiques.*

On peut en dire autant des *contrats réels,* du mutuum, du commodat, du dépôt ou du gage. Ainsi je vous prête 100 francs pour jouer ou pour payer une dette de jeu, je vous donne à commodat une arme meurtrière pour tuer votre ennemi : le prêt, le commodat, seront inattaquables comme si la destination de la chose prêtée était louable. Vous serez tenu de la rendre quand le terme fixé sera arrivé, et je ne pourrai pas la réclamer avant l'arrivée de ce terme[1]. Il en était certainement ainsi d'après les jurisconsultes romains;

francici, de causâ obligationis (Amsterdam, Groebe, 1835, in-8, 110 p.), au développement du *paradoxe* d'Ernst. Et en 1840 enfin, Van Vulfften Palthe, également dans sa thèse de doctorat : *Dissertatio juridica inauguralis de causâ in conventionibus* (Utrecht, Bosch, 1840, in-8, 112 p.), adoptait presque complètement les critiques d'Ernst, mais indiquait un cas d'application, le seul suivant lui, de la théorie de *la cause :* considérant à tort comme un contrat la promesse de payer, constatée par écrit, sans solennités, il déclarait que ce contrat doit avoir *une cause.*

En France, les auteurs paraissant ignorer les dissertations d'Ernst, de Van de Poll, etc., sont restés étrangers à ce mouvement d'idées. Deux docteurs, M. Carathéodory en 1860 (*De l'Erreur en matière civile, d'après le droit romain et le code Napoléon,* thèse de doctorat soutenue devant la faculté de Paris) et M. Emile Artur en 1879 (*Étude sur la cause en droit romain et en droit français,* thèse de doctorat soutenue devant la faculté de Paris, in-8, 270 p.), ont bien « rompu quelques lances contre la doctrine traditionnelle », mais, en rejetant les explications reçues, ils en ont présenté de nouvelles qui sont loin elles-mêmes d'être satisfaisantes. Le premier enseigne que *la cause* n'est que *l'intention de s'obliger,* et le second croit que c'est *la liberté du consentement, l'absence de contrainte;* mais il est trop clair que ce n'est pas là ce que le législateur a voulu dire dans les articles 1108, § 4, 1131 et 1132.

Comme Ernst et Van de Poll, M. Timbal estime « que les contrats, pour leur formation, n'exigent pas l'adjonction au consentement et à l'objet d'un élément essentiel qui s'appellerait *cause* », que les articles précités sont vides de sens et doivent disparaître du Code, *la cause,* se confondant nécessairement soit avec le consentement ou l'objet, éléments essentiels véritables, soit avec le motif qui n'est par lui-même d'aucune influence sur la formation ou la validité des conventions, que cette théorie de *la cause,* qui, prétend-on, « domine tout le droit, n'est qu'un mythe, une vaine imagination,... un fantôme qui s'évanouit à la lumière de la critique. » Nous renvoyons à son ouvrage pour le développement des arguments invincibles qui condamnent cette théorie; nous ne pouvions en donner dans cet article qu'un aperçu incomplet.

1. De la séparation établie au texte entre les contrats synallagmatiques et les con-

la plupart des interprètes modernes l'admettent encore, et ce n'est que par une contradiction flagrante que quelques-uns ont pu soutenir le contraire. En effet, le mobile qui influe, selon eux, sur la formation du contrat et qui est connu sous le nom de *cause*, c'est le but immédiat qu'on se propose en contractant. Or quel est ici le but immédiat que se propose le prêteur, si ce n'est celui de rendre service ou de percevoir des intérêts? Un pareil mobile peut-il avoir en soi rien d'illicite? Il est vrai que le prêteur fournit la chose non seulement pour rendre service ou toucher des intérêts, mais en même temps pour que l'emprunteur puisse jouer ou commettre un meurtre, ce qui est un mobile illicite. Mais ce n'est là qu'un mobile éloigné, un simple motif, qui ne peut avoir aucune influence sur la naissance de la convention.

Toutefois, une observation importante est ici nécessaire. Un prêt, un commodat, etc., peuvent fort bien, on le conçoit, être l'exécution d'une autre convention qui se serait formée entre les parties soit quelque temps avant, soit au moins un instant de raison avant ce prêt, ce commodat, etc. Ainsi nous convenons que je vous prêterai mon cheval pour faire une promenade et que vous me prêterez votre fusil pour aller à la chasse : voilà évidemment une convention synallagmatique valable, et, par suite, quand je vous prête mon cheval, ou que vous me prêtez votre fusil, nous exécutons l'un et l'autre des obligations dont nous étions tenus, nous effectuons *des payements*, dans le sens large de ce mot. Mais supposons la convention suivante : Je vais vous prêter de l'argent pour jouer et nous partagerons les bénéfices, je vais vous prêter une arme pour tuer mon ennemi, à moi : voilà encore une opération qui présente les apparences d'une convention synallagmatique : vous devez, dans mon intérêt seulement, ou dans notre commun intérêt, donner la mort à mon ennemi, ou vous livrer au jeu, et je dois vous prêter une arme meurtrière ou une somme d'argent. Mais votre obligation ayant un objet illicite, le contrat ne peut, en réalité, prendre naissance, et je ne puis, de mon côté, être tenu envers vous d'aucune obligation. Donc, si j'exécute le prêt, le commodat, j'accomplis une obligation dont je n'étais pas tenu, et j'ai nécessairement le droit d'exercer une action en répétition[1]. Cette action tendra ici, en dépit du terme convenu, à la restitution immédiate de la chose prêtée. Le payement de l'indû ne peut avoir aucun effet, sauf celui de donner naissance à l'action en répétition; donc le contrat consenti en exécution d'une obligation inexistante ne peut pas en avoir davantage. Le prétendu prêteur peut donc, en se fondant sur l'inexistence du

trats réels, on pourrait se croire autorisé à conclure que nous considérons ces derniers comme unilatéraux. Telle n'est pas cependant votre pensée, et c'est seulement pour la commodité de nos explications que nous avons suivi cette distinction ordinairement observée par les auteurs. Ainsi que nous le disons au texte, l'emprunteur a le droit de jouir de la chose jusqu'à l'arrivée du terme, et, à ce droit correspond nécessairement une obligation chez le prêteur, celle de lui laisser la possession de la chose jusqu'à l'arrivée de ce terme. Donc le prêteur assume une obligation aussi bien que l'emprunteur, ce qui revient évidemment à dire que le contrat est synallagmatique.

1. Nous pensons que l'ancienne règle : *Nemo auditur propriam turpitudinem allegans* est aujourd'hui et doit rester à jamais abrogée.

prêt, exiger que les choses soient remises au même état qu'auparavant. Voilà, semble-t-il, un cas, du moins, où le prêt, le commodat, etc., ne se forment pas parce que le mobile qui a déterminé le consentement était illicite. Il n'en est rien cependant, et l'inexistence tient encore à une tout autre circonstance. Nous pouvons répéter ici ce que nous avons dit plus haut : ce n'est pas ce mobile illicite qui empêche le contrat de se former; s'il n'y a ni prêt ni commodat, etc., cela provient uniquement de ce que ces opérations étaient des exécutions de conventions inexistantes elles-mêmes, et que la la raison et l'équité exigent qu'une semblable exécution ne puisse produire aucun effet.

L'observation qui précède, il est aisé de le comprendre, n'est pas spéciale aux contrats réels; elle est, au contraire, commune à toutes sortes de conventions, à la vente, au louage, à l'échange, à la novation, à la remise de dette, etc. Tout contrat conclu comme payement, c'est-à-dire, en exécution d'une obligation, ne se forme pas, si cette obligation n'existe pas. Mais il faut naturellement que le contrat se présente extérieurement comme l'exécution d'une obligation, comme un véritable payement; il faut qu'il constitue un payement dans la pensée de celui qui le propose, et soit accepté comme tel par l'autre partie. Si, en effet, la partie qui a conclu une convention, dans l'intention d'accomplir une obligation dont elle se croyait tenue, mais sans en faire part à la partie adverse, pouvait être autorisée ensuite à prouver cette intention, et à prétendre, sur ce fondement, que le contrat ne s'est pas formé, il y aurait inégalité criante entre les situations respectives des deux parties, et celle qui a contracté sans avoir autre chose en vue que le contrat lui-même serait complètement à la merci de l'autre; celle-ci, en effet, venant à reconnaître son erreur, ne manquerait pas, suivant son intérêt, d'arguer ou de ne pas arguer le contrat d'inexistence. Un contrat tel que ceux que nous avons en vue pouvant avoir en lui-même sa raison d'être, rien ne peut faire soupçonner qu'il constitue un payement; rien ne prouve que celui qui l'a fait n'ait pas été bien aise de le faire, et qu'il ne l'aurait pas fait s'il ne s'y était pas cru obligé. Pour qu'on puisse le traiter comme un payement, il faut donc qu'il ait été conclu à ce titre, il faut que les parties aient voulu, en le faisant, l'une exécuter un payement et l'autre l'accepter.

Le mobile qui a déterminé à contracter est-il du moins à considérer en matière de *donations?* Il est encore certain que non. Les mobiles auxquels peuvent obéir les donateurs sont d'une variété infinie. L'un donne pour s'attacher la personne du donataire par les liens de la reconnaissance, l'autre parce qu'il espère que le donataire lui accordera en retour de plus grands avantages, un troisième donne avec le désir secret de voir la chose donnée servir à un but illicite, etc. Qu'importe? Peut-on raisonnablement tenir compte, ponr conclure à l'inexistence ou à l'existence du contrat, de cette multiplicité de motifs? Ne suffit-il pas, pour qu'il y ait donation, que le donateur veuille donner, que le donataire accepte, que la chose donnée soit dans le commerce, et que les conditions de forme soient observées?

Sans doute, si, dans le fond, la donation est le pendant d'une promesse réciproque du donataire qui s'engage à accomplir un acte illicite, ou si elle est subordonnée de la part de ce dernier, à une condition potestative contraire aux lois ou aux mœurs, le contrat sera ou pourra être inexistant. Mais ce n'est pas, encore une fois, parce que le mobile qui fait donner est illicite, c'est parce que sous l'apparence d'une donation pourra se cacher, en réalité, un tout autre contrat. En effet, quand il y a promesse d'un fait illicite de la part du prétendu donataire, le contrat rentre réellement dans la catégorie des contrats synallagmatiques, et il ne peut prendre naissance, parce que l'une des obligations a un objet illicite. Et quand la donation est, par convention tacite entre les parties, subordonnée, de la part du donataire, à une condition potestative illicite, de deux choses l'une : ou bien cette condition, eu égard à l'importance que lui attribue le donateur, ne fait pas perdre au contrat le caractère de donation, et alors elle n'a aucune influence sur sa formation ou son efficacité (art. 900) ; ou bien elle lui fait perdre ce caractère, et la transforme en un véritable contrat intéressé, à titre onéreux, et alors elle l'empêche absolument de se former (art. 1172).

Nous arrivons ainsi à une dernière catégorie de contrats, dont les jurisconsultes romains ont parlé longuement, et qui n'occupe plus dans les commentaires modernes qu'une place bien minime, trop minime même, pourrait-on dire, bien qu'elle soit notablement déchue de son ancienne importance. C'est de la *stipulation* ou *promesse* que nous voulons parler, mais d'une stipulation désormais dépouillée de toutes formes solennelles.

Ce contrat d'abord existe-t-il en droit rationnel, et quel est son domaine ? Pour répondre à cette question, et, en même temps, à celle qui nous occupe principalement ici, de savoir si le mobile qui fait contracter peut avoir quelque influence sur le caractère obligatoire de la stipulation ou promesse, il convient de distinguer trois sortes de promesses ou stipulations ; il peut y avoir : 1° promesse de payer ou de transférer la propriété d'une chose ; 2° promesse de contrat ; 3° enfin promesse sous condition potestative de la part du stipulant.

1° La première de ces promesses est-elle, en droit rationnel, un véritable contrat, a-t-elle par elle-même la vertu d'obliger le promettant ? Nous n'hésitons pas à répondre non.

La raison se refuse à considérer une promesse de payer comme un contrat *stans per se*, ayant en lui-même sa raison d'être, comme un contrat voulu par les parties indépendamment de toutes considérations qui lui seraient étrangères. Une telle promesse ne peut s'expliquer que de l'une des manières suivantes : *a*) ou bien les parties ont voulu faire une donation ; *b*) ou bien la promesse a pour équivalent, de la part du stipulant, une condition potestative qui n'est pas exprimée ; *c*) ou bien encore les contractants ont voulu ne mettre au jour que l'un des côtés, pour ainsi dire, d'une convention synallagmatique ; *d*) ou bien enfin ils n'ont voulu que renouveler, reconnaître ou fixer une obligation préexistante.

a).—La première hypothèse se conçoit sans peine. Dans l'intention de gratifier une personne je lui promets 10,000 fr. et je lui fais une billet pour cette somme. S'il pouvait y avoir obligation dans ce cas, — et ce n'est possible que sous l'empire d'une législation qui n'exigerait pas pour la donation des formes solennelles — il est clair que cette obligation naîtrait non pas de la promesse elle-même, mais du contrat de donation que constituerait une telle convention.

b). — Seconde hypothèse. Nous convenons que je vous donnerai 1,000 fr. si vous abattez les arbres de votre jardin qui masquent la vue de ma maison, et, sans parler de cette condition, je vous fais un billet de 1,000 fr.; en d'autres termes, je vous promets cette somme et je vous livre un écrit qui le constate. Ici une promesse pure et simple en apparence cache, en réalité, une promesse sous condition potestative de la part du stipulant, et mon obligation de payer 1,000 francs a pour pendant la condition pour ce dernier d'abattre les arbres de son jardin. Si donc mon obligation naît réellement, ce qui sera le cas ordinaire, comme nous le verrons bientôt, elle ne sera pas produite par une promesse pure et simple, mais par une promesse sous condition potestative de la part du stipulant.

c). — On peut imaginer diverses applications de la troisième hypothèse. Je vous ai vendu pour 1,000 francs et déjà livré mon cheval; il est entendu que vous ne me payerez pas comptant, mais seulement à une époque ultérieure. Dans ces conditions, sans parler de la vente qui a eu lieu, vous vous bornez à me faire un billet de 1,000 fr., ce qui revient à dire, en réalité, que vous me promettez de me payer cette somme et que vous me remettez une reconnaissance écrite de cette promesse. La promesse de payer, on le voit, a ici pour pendant une autre promesse immédiatement exécutée, que les parties n'ont pas mentionnée dans l'écrit et qui constitue avec elle un contrat de *vente.* C'est un contrat de *vente* qui est caché derrière la promesse dont le billet fournit la preuve.— Autre exemple, vous m'avez promis verbalement de me vendre pour 10,000 fr. votre maison. Plus tard, désirant la garder, vous convenez avec moi que vous me payerez la somme de 1,000 fr. pour n'avoir pas à me la vendre. S'il est fait un billet pour cette dernière somme, et qu'il ne soit pas fait mention de la promesse de vente, la promesse que le billet constate sera le pendant de l'extinction d'une obligation préexistante, et l'un des côtés d'une convention à deux effets réciproques, d'une *novation.* — Si dans ces deux cas, et dans tous les cas semblables, le billet est ensuite présenté en justice, le souscripteur sera sans doute tenu de payer; mais son obligation ne résultera certainement pas de la promesse, elle résultera, dans le premier cas, de la vente, et, dans le second, de la novation. Et il faudra, pour que le juge condamne, qu'il résulte à ses yeux clairement des débats qu'il y a eu vente ou qu'il y a eu novation.

d).—Donnons enfin quelques exemples du cas où la promesse est faite en renouvellement, en reconnaissance ou en fixation d'une obligation préexistante. Je vous dois 10,000 francs depuis près de trente ans; pour que la prescription ne se réalise pas, je vous fais un billet pour cette somme. — Vous m'avez prêté, sans en garder une preuve écrite, la somme de 10,000 francs; plus tard, et pour me mettre en règle, je vous fais un billet pour le montant du prêt, mais sans parler du prêt lui-même. — Je vous ai blessé par imprudence, nous fixons à 1,000 francs l'indemnité que je vous dois, et je vous fais encore un billet sans parler de votre blessure. Dans tous ces cas, je suis certainement obligé de payer la somme promise; mais encore une fois, ce n'est pas à raison de la promesse. Mon obligation, dans le premier cas, est la même qui était sur le point de se prescrire, elle résulte donc de la cause efficiente qui avait donné naissance à cette dernière; elle résulte d'un prêt dans le second cas, et d'un quasi-délit dans le troisième. Et il faut nécessairement que l'existence de cette cause efficiente cachée soit clairement démontrée pour que l'obligation soit reconnue et sanctionnée par le juge.

Donc la promesse de payer (ou de transférer la propriété d'une chose) n'existe pas, en droit rationnel, comme contrat obligatoire, et ne peut être considérée comme une cause efficiente d'obligation. Ce n'est au fond qu'une forme, un vêtement dans lequel les parties enveloppent souvent une obligation déjà née. Et derrière toute promesse semblable se cache nécessairement une autre cause efficiente d'obligation, à laquelle il faut toujours remonter en dernière analyse, pour reconnaître l'existence d'un lien obligatoire. Il est donc à peine besoin de dire que le lien obligatoire ne peut exister qu'autant que la cause efficiente cachée existe réellement, et notamment, que, si cette cause est une convention, elle doit remplir toutes les conditions requises pour sa formation et son efficacité. Ainsi la stipulation est-elle destinée à réaliser une donation, il faut, entre autres conditions, qu'elle soit revêtue des formes requises par la législation en vigueur. S'agit-il d'une autre convention quelconque, il faut que ses effets puissent se produire, ou plus généralement, qu'elle réunisse tous les éléments essentiels dont il a été question au commencement de ce travail[1].

La promesse de payer n'étant jamais obligatoire par elle-même, il est clair que le mobile qui peut la dicter ne saurait être sur elle d'aucune influence à moins, bien entendu, que, par mobile qui fait promettre, on n'entende ici la cause efficiente de l'obligation que la promesse sert à revêtir.

---

1. Notre doctrine sur la promesse de payer paraît différer essentiellement de celle qui a été consacrée par le vote du neuvième congrès des jurisconsultes allemands qui a eu lieu à Dresde en 1871. Ce congrès admit que la convention écrite par laquelle une personne se déclare obligée ou promet de payer, sans se référer à aucune cause d'obligation, doit être tenue pour obligatoire. Mais en y regardant de plus près, on voit que l'opinion de ces jurisconsultes ne s'éloigne pas, dans le fond, de nos idées. En effet, à côté de la proposition précitée, le congrès en formula une autre qui détruit presque toute la portée de la première : « Le débiteur pourra invoquer les exceptions tirées du rapport de droit antérieur, toutes les fois que le fondement de ces exceptions aurait autorisé à son profit l'exercice d'une action ou d'une répétition contre le créancier. » D'après cela, on le voit, la promesse de payer n'est pas réellement obligatoire par elle-même. Comment concevrait-on autrement que le débiteur pût prouver que le rap-

Dans ce cas, il est bien vrai que le mobile est à considérer, et même qu'il est la seule chose à considérer, puisque, comme on l'a vu, c'est la cause efficiente cachée qui est tout, et que la promesse n'est rien, si ce n'est un instrument de preuve. Mais nous pensons que l'expression, dont il s'agit, prise avec ce sens particulier, doit être bannie du langage du droit, comme obscure et, par conséquent, dangereuse.

Reste à parler de la promesse de contrat et de la promesse sous condition potestative de la part du stipulant. Après les explications qui précèdent, un mot suffira sur chacune de ces conventions.

2° Et d'abord, la promesse sous une condition potestative de la part du stipulant est-elle une convention obligatoire par elle-même? Je vous promets 1,000 francs, par exemple, sous la condition que vous abattrez les arbres de votre jardin, qui masquent la vue de ma maison ; suis-je obligé de vous payer cette somme si vous accomplissez la condition? Une telle convention sera le plus souvent obligatoire. Elle le serait toujours sous l'empire d'une législation qui n'exigerait pour la donation aucune forme solennelle. Au contraire, sous l'empire d'une législation qui, comme la nôtre, soumet la donation à des conditions de forme, elle est nulle ou valable suivant que l'exécution de la condition est ou non considérée par les parties, comme l'équivalent de la prestation que le promettant s'engage à accomplir. Dans le premier cas, nous sommes en présence d'une convention qui ne diffère d'une convention synallagmatique qu'en un point, c'est que, dans cette dernière, les prestations réciproques sont également exigibles, tandis que dans la promesse conditionnelle, dont il s'agit, l'une des prestations n'est pas légalement exigible, et la seule contrainte qui en puisse assurer l'exécution, c'est l'intérêt même du stipulant. Du reste cette promesse conditionnelle est au fond, on le voit, une convention intéressée, qui a en elle-même son explication naturelle, à laquelle on conçoit aisément que les parties aient consenti sans avoir à leur supposer un but caché quelconque ; et il est impossible de dire sur quel fondement on pourrait s'appuyer, en supposant que la condition fût possible et licite, pour refuser de la sanctionner. Dans le second cas, la promesse sous condition potestative de la part du stipulant est une donation, soumise comme telle aux règles de forme et de fond qui lui sont propres.

Il est à peine besoin d'ajouter maintenant : *a*) que la promesse sous condi-

port de droit antérieur, devant servir de base à la promesse, n'existe pas, ou du moins ne suffit pas à créer un lien obligatoire? Tout ce qui résulte de la doctrine du congrès, c'est que la promesse de payer a la vertu de faire présumer l'existence de ce rapport de droit, et de rejeter sur le débiteur le fardeau de la preuve. Or cette solution nous l'admettrions également volontiers sous l'empire d'une législation — que nous sommes loin d'appeler de nos vœux, — qui dispenserait de toutes formes spéciales les donations entre vifs. Mais elle nous paraît inconciliable avec la règle, qui, sous l'empire du Code, exige l'accomplissement de certaines conditions de forme pour l'existence des donations. (Cpr. M. Timbal, p. 300 et suiv., et *passim*.) Nous devons toutefois constater que c'est l'opinion contraire à la nôtre qui est unanimement admise par la jurisprudence, et qui est adoptée par la majeure partie des auteurs.

tion potestative de la part du stipulant peut, comme la promesse pure et simple de payer, cacher une cause efficiente d'obligation, et qu'alors elle est soumise aux mêmes règles que la promesse pure et simple de payer[1]; *b)* qu'on peut en pratique, comme nous l'avons dit plus haut, se trouver en présence d'un billet constatant une promesse pure et simple, tandis qu'au fond cette promesse a pour pendant une condition potestative de la part du stipulant. Que faudra-t-il décider dans cette hypothèse? Il est évident que la règle posée à l'égard de la promesse de payer cachant une cause efficiente d'obligation, sera applicable ici. Derrière la promesse pure et simple, il faudra rechercher la promesse conditionnelle qui a réellement eu lieu, et se demander si aucun obstacle ne s'est opposé à sa formation.

3° Quant aux promesses de contrats, sauf, bien entendu, la promesse de donation — qui est elle-même une donation — elles sont certainement efficaces par elles-mêmes; elles ont encore, en effet, en elles-mêmes leur raison d'être, et les mêmes considérations qui font conclure tel ou tel contrat comme l'intérêt ou le désir de rendre service, expliquent suffisamment la promesse qu'on peut faire de le conclure. Je promets de vous prêter mon cheval, s'il vous plaît de faire un voyage qui n'intéresse que vous; cette promesse n'est-elle pas inattaquable comme le serait le commodat lui-même s'il était immédiatement consenti? On conçoit du reste que la promesse de contrat puisse être, comme une promesse pure et simple, la seule partie apparente d'une convention synallagmatique, ou d'une promesse sous condition potestative de la part du stipulant; elle est alors soumise aux mêmes règles que la promesse pure et simple de payer[2].

En ce qui concerne le mobile qui peut faire consentir une promesse de contrat ou une promesse sous condition potestative de la part du stipulant, il est évident qu'il n'a pas plus d'influence sur ces conventions que sur toutes les autres. De deux choses l'une, en effet : ou bien une semblable promesse se présente dans des conditions telles qu'elle se suffise à elle-même et ne suppose pas une cause efficiente d'obligation cachée, et alors le mobile qui a pu la déterminer n'est qu'un simple motif, qui ne peut être pris en considération; ou bien il est démontré qu'elle ne se suffit pas à elle-même, et que derrière elle se cache une cause efficiente d'obligation, et alors elle ressemble exactement à toute promesse pure et simple de payer, et, pas

---

1. Mais les principes qui la régissent au point de vue de la preuve sont, selon nous, bien différents. Tandis que le porteur d'un billet constatant une promesse pure et simple doit prouver l'existence d'une cause efficiente d'obligation, le porteur d'un billet qui mentionne une promesse sous condition protestative de sa part, n'a rien à prouver. L'écrit fait preuve, en effet, de l'existence d'une convention qui ne suppose pas nécessairement un rapport de droit préexistant, et qui peu fort bien avoir en elle-même sa raison d'être. C'est au débiteur à prouver qu'un rapport juridique préexistant a, dans son intention, aussi bien que dans celle du stipulant, servi de base à la promesse, et que ce rapport est inexistant aux yeux de la loi. Voyez toutefois la note précédente, *in fine.*

2. Sauf encore en ce qui concerne la preuve. Voyez la note précédente.

plus que cette dernière, elle ne peut subir aucune influence du mobile qui l'a inspirée.

III. — Nous avons parcouru les diverses catégories de conventions en nous demandant sur chacune d'elles, si le mobile qui détermine le consentement peut parfois empêcher cette convention de se former, ou, en d'autres termes, si, outre les trois éléments essentiels à la formation de toute convention, que nous avons indiqués en commençant, il en existe un quatrième consistant précisément dans ce mobile ou dans son caractère, et sur chacune d'elles le raisonnement nous a amené à résoudre la question négativement. Nous pouvons donc conclure que ces trois éléments seuls sont essentiels. Cependant, si nous ouvrons le Code, nous voyons que ce quatrième élément, sous le nom de *cause*, a été considéré par ses rédacteurs comme essentiel, et les commentateurs, le croyant réellement tel, se sont évertués à rechercher en quoi il consiste et à montrer les conséquences qui résultent de son absence. L'argumentation qui précède prouve, croyons-nous, l'erreur du législateur et des interprètes. Mais on peut ajouter quelques mots pour la démontrer d'une manière encore plus indubitable.

La première voie à suivre pour faire ressortir cette erreur consiste à faire voir, ce qui n'est pas difficile, que toute inexistence de convention ou d'obligation qu'on s'efforce d'expliquer par la théorie de la *cause*, s'explique déjà, et beaucoup plus clairement, par l'absence de l'un des éléments essentiels que nous avons examinés.

1° Lorsque, dans un contrat synallagmatique, l'obligation de l'une des parties ne se forme pas, parce que la chose a péri, ou parce que cette obligation a un objet illicite, l'obligation de l'autre partie ne se forme pas non plus. Pourquoi? C'est, disent les commentateurs, parce que cette dernière obligation *manque de cause* dans le premier cas, et qu'elle a une cause illicite dans le second. Mais n'est-ce pas aller chercher bien loin l'explication d'un résultat qui s'explique, pour ainsi dire, de lui-même? Nous l'avons justifié dès les premières pages de ce travail, de manière à ne laisser aucun doute dans l'esprit, et nous n'avons pas eu pour cela à parler de la *cause*.

2° On ne peut être obligé pour prêt, s'il n'y a pas eu numération des espèces. Pourquoi? Parce que, dit-on, la *cause* étant ici la numération des espèces, l'obligation ne peut naître faute de *cause*. Mais ne suffit-il pas de dire qu'il ne peut y avoir obligation pour prêt s'il n'y a pas prêt? Le prêt ne va pas sans la numération des espèces, parce qu'il doit essentiellement faire naître l'obligation de *rendre*, et qu'on ne peut être tenu de rendre qu'autant qu'on a reçu. Et l'on pourrait en dire autant des autres contrats réels.

3° La donation est nulle, dit-on, lorsque le but que le donateur se propose est illicite. Ici nous pensons qu'une distinction est nécessaire. *A*. Si ce but consiste dans l'accomplissement d'un fait illicite *promis* par le donataire, nous ne sommes plus en présence d'une donation, mais d'un contrat synallagmatique, et ce contrat ne peut se former parce que l'une des obligations qu'il tend à faire naître a un objet illicite. Pour expliquer que le prétendu donateur ne soit pas lié dans ce cas, il n'est donc pas nécessaire de faire intervenir l'idée de cause finale. *B*. Si la donation, d'après la convention réelle mais non exprimée par écrit, intervenue entre les parties, est subordonnée à une condition illicite, nous retombons dans une hypothèse examinée plus haut. La condition fait-elle de la convention un contrat à titre onéreux, cette convention est nulle par application de l'article 1172 ; lui laisse-t-elle le caractère de donation, elle est valable à ce dernier titre par application de l'article 900, pourvu que les règles de forme aient été observées. Ainsi encore dans ce cas tous les résultats que la raison impose s'expliquent naturellement sans que l'esprit éprouve le besoin de recourir à la notion de cause. *C*. Enfin s'il n'y a ni promesse réciproque du donataire, ni condition illicite, le but quelconque que le donateur a pu se proposer n'est qu'un simple motif, sans aucune influence sur la donation.

4° Je crois vous devoir un cheval en vertu du testament de mon père, et je vous fais un billet pour la somme de 1,000 francs, que vous consentez à recevoir à la place. Mais le testament avait été révoqué et je ne devais pas le cheval. Serai-je obligé par la promesse dont le billet fournit la preuve ? Non, disent les auteurs, car mon obligation n'a pas de *cause*. Non, disons-nous plus simplement, parce qu'une novation ne peut se former s'il n'y a pas d'obligation à éteindre.

Il serait aisé de poursuivre et de montrer, en passant en revue certaines promesses qui n'obligent pas, que ce qu'on explique par l'*absence de cause*, par la *fausse cause*, ou la *cause illicite*, s'explique très bien indépendamment de toute idée de cause. Mais nous ne pourrions, en le faisant, que répéter des notions déjà énoncées plusieurs fois ; ces exemples d'ailleurs nous paraissent pleinement suffisants.

On ne peut comprendre que la doctrine ait expliqué par la théorie de la cause certains résultats qui s'expliquaient naturellement sans elle, qu'en supposant qu'elle a donné le nom de *cause* à un autre élément essentiel déjà requis sous un autre nom. Et c'est effectivement ce qui a eu lieu. On le voit sans peine quand on examine de près les définitions qu'on donne de la cause dans les diverses catégories de contrats.

Qu'est-ce, en effet, suivant la doctrine que nous combattons, que la cause dans les contrats synallagmatiques ? La cause de l'obligation de l'une des parties c'est, d'après les uns, l'objet de l'obligation de l'autre, et, d'après les autres, cette obligation elle-même. Mais s'exprimer ainsi n'est-ce pas dire, sous une autre forme, que la cause de l'un des effets d'une convention, qui doit produire deux effets réciproques, c'est la production même de l'autre effet ? N'est-ce pas, par conséquent confondre la cause avec notre troisième élément essentiel, la production réelle des effets qui doivent résulter de la convention ?

Qu'est-ce que la cause dans les contrats gratuits ? C'est, dit-on, l'intention d'exercer une libéralité ou de rendre un service. Mais qu'est-ce que cette

intention, si ce n'est la volonté même de donner, en un mot, le consentement?
Donc, on confond ici la cause avec le consentement.

Il est inutile de continuer. Ce que nous avons dit, dans le cours de cette
étude, permet au lecteur de voir qu'il en est de même dans toute sorte de
contrats, et de reconnaître dans toutes les hypothèses possibles, que ce
qu'on appelle la *cause* n'est, en réalité, qu'un autre élément essentiel, dont
on a cru faire un quatrième élément distinct en lui donnant un nom particulier.

Nous pouvons donc conclure en répétant l'une des propositions par lesquelles nous avons commencé. Pour qu'une convention se forme, il faut
nécessairement : 1º deux parties ; 2º leur consentement ; 3º la production
réelle des effets de droit que le contrat est de nature à produire. Il n'y a
pas d'autre condition essentielle commune à tous les contrats.

Fontainebleau. — Typ. de E. Bourges.

PETITE ENCYCLOPÉDIE JURIDIQUE

Sous ce titre, nous publions une série de volumes in-18 jésus dans lesquels toutes les matières de Droit civil, pénal, commercial et administratif se trouveront traitées, à un point de vue essentiellement pratique, et sous forme de manuels se vendant séparément. Cette collection formera un véritable **Répertoire général du Droit**, tenu constamment au courant de la législation et de la jurisprudence les plus récentes.

Voici la liste des ouvrages déjà parus :

Code des Théâtres, contenant un exposé des principes juridiques, le texte des principaux décrets, circulaires et règlements, etc., par CHARLES CONSTANT, avocat à la cour de Paris, 1882, 2e édition, 1 vol. 3 50

Code de la Chasse et de la Louveterie, commentaire de la loi du 3 mai 1844, modifiée par celle du 22 janvier 1874; traité sur la louveterie, etc.; par P. LEBLOND, avocat à la cour de Rouen. 1878, 2 vol. 6 »

Code municipal ou Manuel des conseillers municipaux, contenant l'exposé de la législation municipale et les solutions pratiques des questions qui peuvent intéresser les communes et les conseillers municipaux, par AMBROISE RENDU, avocat à la cour de Paris. 1879, 2 vol. 6 »

Code de l'Officier de l'état civil, avec tables et formules, par A. ADDENET, ancien procureur de la République. 1879, 1 vol. 3 50

Code des Propriétaires de bois et forêts, locataires de chasses; de leur responsabilité par suite des dégâts causés par le gros et le petit gibier; par M. FRÉMY, juge suppléant à Senlis. 1879, 1 vol. 2 »

Codes de la Propriété industrielle, Manuels pratiques des législations française et étrangères à l'usage des inventeurs et des fabricants, par AMBROISE RENDU, avocat à la cour de Paris :

  Brevets d'invention. 1879, 1 vol. 3 50

  Contrefaçon des inventions brevetées. 1880, 1 vol. 3 50

  Marques de fabrique. 1880, 1 vol. 3 50

Code départemental ou Manuel des conseillers généraux et d'arrondissement, commentaire pratique de la loi du 21 août 1871, et des lois relatives à l'administration départementale, au budget, à l'instruction publique, etc., par CHARLES CONSTANT, avocat à la cour de Paris. 1880, 2 vol. 7 »

Code des Règlements d'Ordres, soit amiables, soit judiciaires et des collocations des créanciers, par A. ULRY, juge chargé des ordres à Guéret. 1881, 2 vol. 7 »

Code des Réunions publiques, électorales et privées. Commentaire pratique de la loi du 30 juin 1881, par CH. CONSTANT, avocat à la cour de Paris. 1881, 1 vol. 2 »

Code des Établissements industriels, contenant la législation et la jurisprudence concernant les ateliers dangereux, insalubres ou incommodes, etc., par CH. CONSTANT, avocat à la cour de Paris. 1881, 1 vol. 3 50

Code des Juges de paix, considérés comme officiers de police judiciaire, auxiliaires du procureur de la République et délégués du juge d'instruction, par A. SCOHYERS, ancien avoué, juge de paix du canton de Courville. 1881, 1 vol. 2 »

Code rural, régime du sol, police rurale, régime des eaux, etc.; par P. DE CROOS, avocat à Béthune. 1882, 2 vol. 7 »

Code électoral, formation et revision annuelle des listes électorales, d'après la jurisprudence de la cour de cassation, par E. GREFFIER, conseiller à la cour de cassation. 1882, 1 vol. 3 50

Code des Chemins vicinaux et des Routes départementales, par A. GISCLARD, ancien conseiller de préfecture, avocat à Périgueux. 1882, 2 vol. 7 »

Code des Chemins de fer d'intérêt local, par le même auteur. 1882, 1 vol. 3 »

Code de la Presse, commentaire de la loi du 29 juillet 1881, par C. BAZILLE, avocat à la cour de cassation, et CH. CONSTANT, avocat à la cour de Paris. 1883, 1 vol. 4 »

Code des Transports de marchandises par chemin de fer, par L.-J.-D. FÉRAUD-GIRAUD, conseiller à la cour de cassation. 1883, 2 vol.